Stephanie von Below
Karin Harris-Hedder
Renate Haußmann (Hg.)

UNSICHERE ZEITEN

Gedichte zu Dritt

© 2019 Stephanie von Below, Karin Harris-Hedder,
Renate Haußmann (Hg.)
Idee: Renate Haußmann, Schreibweise Hamburg
Satz und Gestaltung: Renate Haußmann
Verlag und Druck: tredition GmbH, Halenreie 40-44,
22359 Hamburg
978-3-7497-4124-3 (Paperback)
978-3-7497-4125-0 (Hardcover)
978-3-7497-4126-7 (E-Book)

«Aneignung – Abstraktion – Wiederaneignung und erneute Abstraktion. Im lyrischen Trialog werden Worte gerührt und geschüttelt, bis scheinbar nichts mehr von den ursprünglichen Zutaten vorhanden ist.»
(Renate Haußmann)

Lyrik im Trialog

Wenn Nachrichten verunsichern und das Leben Gefühle erzeugt, für die keine Worte zu finden sind, dann trösten Gedichte. Sie öffnen den Blick für vielfältige Perspektiven die dem Unsagbaren Flügel verleihen. Vorbilder für die drei Autorinnen des Gedichtbands sind Poetinnen die in Unfreiheit, in Gefahr, unter Einfluss von Gewalt und im Exil geschrieben haben. Sie lassen sich inspirieren von Hoffnungslosigkeit, Trauer und Wut die zum Ausdruck kommt und von der Melancholie der Sprache, die auch Worte für Sehnsucht und Hoffnung findet. Ausgewählte Gedichte der Mentorinnen werden auch in Form und Rhythmus zur literarischen Vorlage.

Unter diesem Einfluss haben sich die drei Autorinnen dieser Ausgabe konzeptioneller Lyrik auf den Weg gemacht. Sie haben sich auf eigene Ängste, Sehnsüchte und Hoffnungen eingelassen und sich mit Worten aneinander festgehalten. Gemeinsame Themen sind die Brücke zu aktuellen Auseinandersetzungen und zu Gedanken der heutigen Zeit. Die Gedichte entstehen im Dreierschritt – im Trialog. Sie beziehen sich als assoziativer Impuls direkt aufeinander, um danach in lyrischer Freiheit erkennbar eigene Wege des Ausdrucks zu finden.

«Unsichere Zeiten» ist Band 5 der Serie «Konzeptionelle Lyrik».

Ungeklärte Fragen der Schuld

MENTORIN: SARAH KIRSCH

Die Gletscher schmelzen

Land in Sicht

Wind von vorn

Die Gletscher schmelzen

es ist an der zeit

du fragst

willst den bildern nicht glauben

sieh hin

der weiße bär sitzt auf der scholle

versunkenes land

ewiges eis

das war seine heimat

du traust

deinen augen nicht

lässt dich verführen von wortreichen

deren macht

zur wahrheit verpflichtet sein sollte

bleibst gefangen im glauben

dass werte prägen und haltung erzeugen

du hoffst

auf die vernunft und

auf das gute im menschen

und dass ich an deiner seite bin

wahrhaftig und

offen im kampf

gegen die giganten

(Renate Haußmann)

Land unter

Mehr Mehr Haben Haben
Schreit der Mensch

Gletscher schmelzen
Wasser sprudeln
Eisbären gleiten haltlos
Bäume kippen
Stürme jubeln

Das Universum lächelt
Alles ändert sich sagt die Weisheit

Ich vermeide Plastik
Genieße Samt und Tand
Steige in die U-Bahn
Putze meine Nase

Hoffend aufs Erwachen

(Karin Harries-Hedder)

Apfelbaum

Ich pflanze lieber einen Apfelbaum
als keinen
und hoffe lieber einen Tag
ich traue lieber einem Wort
als keinem und spüre lieber meinen Schmerz.

Ob das gewissenlos sei fragt er
ob das kurzsichtig ist fragt sie
oder zu wenig am Ende des Tages.

Ganz bestimmt sage ich und pflanze.

(Stephanie von Below)

Land in Sicht

Sommer 2019

Nachrichten verstören

Hitzewellen

Gewitter

Schlammmassen

Menschen ertrinken

Verwirrung im Herzen

Blut pocht rast

Chaos weitet den Kopf

Ein überhitzter Computer

Kurzschluss

Lösung in Sicht

Ohnmacht

Brüche in der Welt

Still schreit das Herz

(Karin Harries-Hedder)

Kopfsprung

Wetterflüsterer gurren das Lied vom Ende des Planeten
es sei längst zu spät lese ich bedeutungsvolle Gesten
ich putze meine Nase umweltverträglich.

Hoffnungslosigkeit nimmt mir den Atem Wut liegt
in den offenen Handflächen leider total voll gekotzt.

Und dann springe ich wieder in den schwarzen Trichter
des Vergessens als wäre es mein zweites Leben.

Wir müssen handeln uns vernetzten es gibt so viel
zu tun hört man stündlich
ich schaue auf das Meer drücke es an mein Herz

Wut liegt in den offenen Handflächen gerne würde
ich sie formen zu einem Golem vielleicht.

Und dann springe ich wieder in den schwarzen Trichter
des Vergessens als wäre es mein drittes Leben.

(Stephanie von Below)

im auge des wirbelsturms

das haus ist voll nicht mehr zu kontrollieren
sag wohin es gehen soll
noch haben wir es warm während sie erfrieren

die bewahrer melden sich zu wort
versuchen zu beschränken
schieben sie von ort zu ort

die hasser beginnen zu agitieren
der staat ist schuld und auch die lügenpresse
jeder der anders denkt bekommt auf die fresse

lasst uns zusammen rücken
in freiheit schaue ich in dein gesicht
sie werden uns nicht erdrücken

(Renate Haußmann)

Wind von vorn

Bedauern

Ich sitze auf meiner Bank
blicke vom Balkon
in die Weite über das Parkdeck über die Dächer
über die Bäume
ein Flugzeug eine Hand voll Schwalben
und die erste Wespe genießen den Abend
der Himmel fängt an sein zaghaftes Grau
schon mit der Nacht zu mischen
die Luft riecht warm nach Heu
und warmen Decken
aus den nahenden Wolken fallen die Blätter
und die Farben taumeln
sanft lässt das Purpur sich küssen
und senkt die Lider bis
das Gold sich Rot Grün
und Reseda hernimmt
ich schüttele mich und schaue auf die Rosen im Kübel
sie sind immer noch rosa.

(Stephanie von Below)

am meer

das boot schaukelt
gleichgewichtgestörte wahrnehmung
der steg wird unüberwindbar
muß den tänder vertrauen
die den schlag dämpfen
es regnet
ich hätte lieber etwas sonnenschein
der macht freizeit heiter
selbst wenn ich nur
auf das wasser starre
weil ich luftlos bin
ich beobachte die möven
sie fangen kleine krebse
spielen mit zappeligen beinen
bis ihr spitzer schnabel
den todesstoss setzt
ich bin geschockt
grausame natur
hätte ich eingreifen müssen
trotz der behinderung
zivilcourage zeigen
im angesicht der gewalt

(Renate Haußmann)

Die stille Stunde

Die Stadt hält den Atem an
Das Grün der Bäume
Das Blau des Flusses
Kriechen langsam
Aus Himmel und Erde
Meine Augen verklebt
Vom Licht geblendet
Zwinkern und blinkern
In die erwachende Welt
Stille
Gurren und zwitschern in der Linde
Balkonrosen verströmen die letzte Süße
Des Jahres
Ich
Schnuppere die erholte Luft
Odem Leben Moment
Rollkoffer scheppern
Autos heulen
Eichhörnchen wieseln und sammeln
Brote werden geschmiert
Ich halte den Atem an
Sammle die Kräfte
Werfe mich in die Arme des Tages

(Karin Harries-Hedder)

WEIT WEG VON MIR

MENTORIN: ERIKA BURGHARD

Erinnerungen

Ohne Haltung

Mit der Nacht kommt die Stille

Erinnerungen

Damals lebten wir in Angst

Gingen gebeugt

Das war normales Sein

Wie Schatten

Es ging in uns über

Ins Fleisch in den Geist

Flink und wie von selbst

Umhüllt uns der Tarnmantel

Wie eine Mauer ein Schutz

Doch einsam

Unsere Zellen vergessen nie

(Karin Harries-Hedder)

Gestern wie heute

Das Herz
Es ist eng geworden und rennt.
Im Kopf schlägt es seinen eigenen Takt
Singt eine Melodie.
Verlockend und vertraut
Bittet es die Gedanken zum Tanz.

Der dünne Ton einer Flöte steigt auf
Erzählt von hilflosen Händen.

Und die uralte Improvisation
Über Ohnmacht und Verlust.
Jedes Mal neu komponiert
Zieht unermüdliche Schleifen.
Was unterbricht das Muster
Wenn die Pauke schweigt.

Was setzt dem Kreisen ein Ende
Wenn nicht ein unbändiger Tanz.

(Stephanie von Below)

gestern heute morgen

fotografien
überlebende der zeit
zeugen verblasster wahrheit
die sich erneuert
im jetzt

erinnerungen
boten der möglichkeiten
ihrer zeit voraus
tragen sie erfahrungen
in die zukunft

vergessen ist unmöglich
wahrheit wird lediglich gefiltert
jeden tag auf's neue

(Renate Haußmann)

Ohne Haltung

In der Dunkelheit

Der Mut sinkt
in die Kissen und Decken
zerfällt zu Flusen, wird raues Wispern.
Haarige Spinnenbeine rennen durch das Zimmer
die Wände hoch und runter
verweben die Gedanken.
Nackte Füße ertasten Stufe um Stufe
gleich sind sie unten gleich.
Dort wo in den Schatten
der schwarze Mann lauern wird,
lauern wird jede Nacht wieder am Anfang des Flures.
Das atemlose Kinderhasenherz rennt.
Und oben wandern die Schlafenden
unruhig durch ihre Träume
kämpfen mit Wölfen und schwarzen Drachen
bis der Prinz ist befreit
und das sichere Licht erreicht.

(Stephanie von Below)

gefangen im leben

ich höre ihre stimmen nicht

kein laut dringt an taube ohren

schreie versinken im meer

blind sind meine augen

sehen die boote in den wellen nicht

weißer schaum bildet kronen

um die ertrinkenden zu ehren

mein herz schlägt

trommelt gegen die scham

sie verschlingt meine sprache

wer schützt mich vor dem vergessen

gibt mir das licht zurück

stimme augen ohren

(Renate Haußmann)

Zerfall

Leise rieselt die Kraft

Muskeln mühen sich

Im letzten Aufbäumen

Der Trommler

In der Galeere

Schlägt erbarmungslos den Takt

Vorwärts vorwärts

Hallt der Schrei

Freund Hein

Steigt ins Boot

(Karin Harries-Hedder)

Mit der Nacht kommt die Stille

sekundentraum

der eine augenblick
sekunde der erneuerung
vom gestern ins heute
in das neue jahr
die sekunde der stille
in erwartung auf das was kommt

ich brannte es auf die teller
auf dem grund der speisen
konntest du lesen
von der ewigkeit der zeit
nicht mehr als
neunzehn silben in drei zeilen

aus der stille geboren
verrinnt das jahr
und du stehst wieder an der schwelle
zur sekunde der stille

(Renate Haußmann)

Altgeburt

Das alte Jahr blinzelt
Mit müden Lidern
Gebärt unter Schmerzen
Mit schläfrigem Herzen
Das neue Jahr

Moment der Stille
Zwischen Tod und Geburt
Hoffnung und Last
Hat die Menschheit
Die Zukunft verprasst

Tag Monat und Jahr
Die Zeit ist nicht fassbar
Sie entrinnt schneller als Sand
Durch die Finger der Hand

Ich schwimme noch mit bewährten Zügen
Durch die Strudel von Klarheit und Lügen
Mit Erfahrung beladen
Ins neue Land

(Karin Harries-Hedder)

Bereit

Mit ruhiger Hand durchwebt die Nacht die Ewigkeit,
Zieht ihre Fäden durch die Dunkelheit
Und das Schiff der Weberin eilt hin und her.

Sehnsucht und Hoffnung im nächtlichen Meer
Bringt es ans andere Ufer der Zeit.
Dort steht das neue Jahr bereit.

(Stephanie von Below)

VERGEBEN UND VERGESSEN

MENTORIN: HILDE DOMIN

Am Boden
In Fesseln
Frieden

Am Boden

Trennen

Erst mit der Schere den Stoff durchtrennen

Bis er in zwei Hälften auf den Boden fällt.

Und dann jeden einzelnen Faden finden

Der noch bindet.

Lösen herausziehen

Nähte säubern und beginnen

Muster Farben und Formen zu mischen.

Und aus einem Halben ein Ganzes zu versuchen.

Morgen um Morgen aufwachen

Auf das Atmen eines fremden Lebens horchen.

Aufstehen die Haare föhnen

Schuhe anziehen und aus der Tür treten.

So lange bis das Kleid passt.

(Stephanie von Below)

langes fädchen

die öse ist klein
erfolglose versuche
bis der faden
sicher gefangen ist
hoffnungsvolle länge
für einen kurzen weg
frühzeitiges trennen
erfordert neue anstrengung
überlange sicherheitszone
schützt vor mutigem neuanfang
faules mädchen
klingt es in den ohren
ungeachtet des wahren motivs
den widerstand zu überwinden
der droht wenn sich die enden
miteinander verstricken

(Renate Haußmann)

Recycling

Wollfäden trennen sich
Aufgedreht einsam
Zu zwei Knäueln
Genässt von Tränen
Hoffnung und Angst

Klimpernde Stricknadeln
Verbinden zum Neubeginn

Alter Wollfaden
Begleitung eines Lebens
Erinnerung
Verschlungen
Zum Neuanfang

Farbenfroh leuchten
Die Socken
Aufatmen Freude

Neu und doch immer noch
Verbunden
Mit Dir

(Karin Harries-Hedder)

In Fesseln

geständnis einer schuldigen

wie duchschaubar ich bin
freundliche gesten
empathie für den augenblick
hoffnung streuend
für jene
die in meinem lächeln
nach einem ausweg suchen

weil ich das leben liebe
die herausforderung suche
und meine neugierde unstillbar ist
hinterlasse ich einen co2 abdruck
der stark ist und bedeutend
für die zukunft
nächster generationen

bin eine rebellin
immer an der spitze der bewegung
beobachte die mächtigen

an der seite der abgehängten

direkt aus der mitte derer

die ohne not sind

in der sicherheit sozialer hängematten

bin ich mutig

stark mit der freiheit eines gebildeten geistes

hab wenig zu verlieren

weil ich reich bin an unzerstörbaren schätzen

hab keine angst

vor der vergänglichkeit

bin im reinen mit der endlichkeit

kann sowieso nicht entscheiden

was bleibt

(Renate Haußmann)

Sinn oder Unsinn?

Ein Schmetterling gleitet durch die Luft

Der Hauch eines Windstosses

Bewegung Atem

Leben welches berührt

Manche im Herzen

Sinn oder Unsinn

Lebenszeit rinnt springt rast

Verweilt entschwindet

Alles vergeht

Wenn die Berührten auch gehen

Der Hauch fliegt davon

Das Meer tobt schillert lärmt

Ängstigt schmeichelt beruhigt nährt

Die Welle kommt und geht

Ich schwimme im Meer

Im Leben

Im Universum

Bin noch da

(Karin Harries-Hedder)

Was bleibt

Nehmen wir mal an
Die Sonne rollt aus ihrer Bahn
Den wollnen Mantel zieht der Sommer an
Und alle Wärme dieser Welt
Zerfällt
Was bliebe noch

Nehmen wir mal an
Das Wetter legt sich müde in den Schaukelstuhl
Erschöpft macht auch der Regen seine Augen zu
Und alle Zuversicht der Welt
Zerfällt
Was bliebe noch

Nehmen wir mal an
Die Hölle kriecht aus ihrem Kellerloch
Die Finsternis kürt sich zur Weltenherrscherin
Und alles Mitgefühl der Welt
Zerfällt
Was bliebe noch

(Stephanie von Below)

Frieden

Wandel

Ballast
Behindert den schnellen Schuh
Weniger ist mehr
Zeit der Entscheidung

Geschützt
Lagern Lebensbegleiter im Raum
Der Bauch entscheidet
Über Abschiedstränen

Jetzt
Ist es Zeit zu gehen
Das gute ins Kröpfchen
Das schlechte ins Töpfchen

Abschied
Voller Tränen und Hoffnung
Wenige Dinge dabei
Um Not zu wenden

Sonnenstrahlen

Zartes Streicheln das Lachen der Kinder

Ich sammle die Fülle im Herzen

Als Wegweiser

(Karin Harries-Hedder)

Wandeltraum

Die Blätter fallen
Und meine Bärin sehnt sich nach der Winterhöhle.
Einfach den Stein vor rollen
Sich einrollen und schlafen wie ein Kind.
Vom Leben träumen.

Wenn die Winterlinge durch den Schnee blinzeln
Würde sie den Stein fortrollen
Und zu mir zurückkommen.
Dann stricken wir gemeinsam
Am Frühling.

(Stephanie von Below)

mein kleiner koffer

das maß ist gesetzt
auch das gewicht hat seine grenzen
ausgebreitetes hab und gut
vernunft lenkt die entscheidung
gefühle haben kein gewicht

zurück bleibt
der lieblingspullover
das hochzeitskleid der großmutter
die nagelschere der kinder
deine sehnsuchtsbriefe

sie werden messen und wiegen
und finden kein gramm zu viel
unsichtbar ist das maß der erinnerung
schwerelos die tränen des abschieds
hoffnung findet raum in träumen

(Renate Haußmann)

SONNE OHNE SCHATTEN

MENTORIN: ANDRE LORDE

Routine der Schwere
Der Kirschbaum
Regen im Gesicht

Routine der Schwere

mutter

der kamm fliegt durch die haare
auf den weg zu ihr
sie steht schon an der tür
kurzer moment der hoffnung
der strenge blick von unten nach oben
heißt ich hab wieder verloren
wie gut dass es schon dunkel ist
sagt sie
keiner hat dich gesehen
hofft sie
die kinder erstarren
in der kälte
die aus dem beheizten raum strömt
stützen sich auf vertrauen
früher erfahrungen
und fangen sich im gerüst
respektvoller gesten
wie sie es gelernt haben
wie es von ihnen erwartet wird
die große streicht der mutter

über den flauschigen ärmel
des selbstgestrickten pullovers

wann begann
die wende der gefühle
hast du nicht gehört
wie ich verstummte
ich konnte sehen
wie meine lautlosen schreie
in deine ohren flohen
sie sind nie in dein herz gedrungen
und ich hab deine sahnetorten verschlungen
die meine stimme erstickten
damit ich nicht antworten musste
auf deine gnadenlosen worte

(Renate Haußmann)

Mutti

Den Blick verhangen
Nichts hast du verstanden
Du hofftest
In Begleitung neidischer Blicke
Frohlocktest du
Jung und fröhlich
Folgtest du ihm
In die Irre
Kein Entkommen kein Widerhall
Auf deine Schreie
Hilflose Hände
Streckten sich entgegen

Ich
Japste nach Luft
Plumpste zügig ins Leben
Suchte Halt
Bekam bemühtes Ordnen
Um die Kontrolle zu behalten
Im Wahnsinn

(Karin Harries-Hedder)

Gene

Dunkle Augen blicken in den Spiegel
Moorteichaugen.
Ich streiche über Nase und Wangen
unverwechselbar das bin ich.
Gekränktes Schweigen der Mutter
Stunden die sich zur Ewigkeiten verknoten
bis ich weinend zusammenbreche.
Entschuldigungen flüsternd
die Umarmung einer Versöhnung ertrage.
Tränen besiegeln die Niederlage
immer wieder.

Schaue auf meine Hand
geschmückt mit den Linien der Frau
die ich einmal sein werde.
Unverwechselbar wir
mit unseren Froschpfoten lächelt der Vater.
Wir halten sie aneinander
die junge neben die alte Hand.
Ich dehne den Moment hinaus
und schaue dem Unerreichbaren hinter her.
Ich bin glücklich
immer noch.

(Stephanie von Below)

Der Kirschbaum

Überleben

Blätter rollen sich schützend

Schwarze Flecken verbreiten sich

Wirbelnd auf ihnen aus

Still schreit der Kirschbaum

Säfte rotieren

Kirschen fallen verschrumpelt

Sägen kreischen am Horizont

Ich krieche vom Stamm

Spüre mein pulsierendes Blut

Angst schwebt davon

(Karin Harries-Hedder)

Kirschenzeit

Ich spüre die schwarze Kirsche
zwischen meinen Lippen
meine Fingerspitzen
berühren den glatten Stamm
tasten umher
erahnen Risse
finden Male und Narben
lange noch
folgen sie
der Erzählung
von Schuld und Verschulden
Traurigkeit Schmerz
Liebe und Verrat
weit spucke ich den Kern
zurück in die Erinnerung.

(Stephanie von Below)

was bleibt

einst flog ich jäh aus deinen armen

die äste brachen

unter meiner sehnsucht last

im fallen

sah ich das glitzern des wassers

sonst unsichtbar

auf der höhe von kinderaugen

längst spüre ich

das blau des flusses

in augenhöhe

und aus vielen perspektiven

von ufer zu ufer

gelassen und in frieden

auch das blutrote süße glück

ist leicht zu haben

kiloweise im gemüseladen

schmerz ist nicht die währung dieser zeit

einzig die sehnsucht ist geblieben

(Renate Haußmann)

Regen im Gesicht

Verlaufen

Die Wärme im Raum umgarnt
meine Gedanken
ich krieche in meinen Kopf zurück
weit hinter die Augenhöhlen
du trägst bereits
den silbernen Mantel der Vernunft
versuchst meine offene Wunde zu kühlen
der Kompass auf dem Küchentisch
geeicht auf uns
findet Norden nicht mehr
wieder und wieder
verlaufen wir uns
Regen tropft auf die Scheiben
der Tee ist noch lauwarm.

(Stephanie von Below)

zusammen gekommen

ich tanze

vor aller augen

schneeflocken

spielen auf meinem gesicht

nur du kannst mich lesen

durch die brille des

nächtlichen gehabes

das geheimnis

gestohlener glückseligkeit

erzeugt meisterliche sprünge

und macht sie unsichtbar

für unwissende zeugen

und für die deutung der zeit

ich tanze

vor aller augen

(Renate Haußmann)

Neue Wege

Sicheren Schrittes auf neuen Wegen
Wage ich den Blick zu heben
Stolzen Auges im neuen Tanz
Am Wege winkt der Abschiedskranz

Regen labt tropft aufs Gesicht
Wasser spendet Zuversicht
Verlaufen war gestern
Kommt mit mir Schwestern

Wir tanzen im Regen
Der Zukunft entgegen
Stolzen Auges im neuen Tanz,
Am Wege winkt der Abschiedskranz

(Karin Harries-Hedder)

SONNE OHNE SCHATTEN

MENTORIN: PAULA LUDWIG

Gitterstäbe
Ein Licht strahlt
Versöhnen, aber nicht vergessen

Gitterstäbe

Trost

Eiskalte Winde wehen

Nasenflügel beben

Am Boden kriechend

Erreichen Fingerspitzen

Rettendes Labsal

Im Dschungel greifen Lianen

Umschlingen Arme und Beine

Gerüche nach Schweiss und Verwirrung

Betören die Sinne

Vernebeln das Gehirn

Aufstehen aufstehen

Tönt leise der Hall der Harfen

(Karin Harries-Hedder)

Zorn

Bricht nicht das zarte Grün
den Asphalt
und besiegte nicht David den Riesen.

Beginnt nicht die Welle
mit einem Lächeln des Meeres
und werden nicht Sekunden zu Stunden
Jahren und Ewigkeiten.

Fängt nicht alles Große und Aufrechte
mit einem Augenblick an
und reihte sich nicht Montag an Montag
bis zum Fall einer Mauer.

Zwergin nimm dein kleines Herz
in die Hand und mach dich auf
den Saum des Himmels
um deine Schultern zu legen.

(Stephanie von Below)

distanzlos

ich höre die stimmen
die in mir ruhen
die mir raten und mir zeigen

ich lese die gesichter
der aufrichtigen
die mich lehren und mich weisen

ich sehe die bilder
der verlassenen
die auf dem weg sind
und nie ankommen werden
die mir fremd bleiben
obgleich sie mir nahe kommen
zu nahe
rauben meine sorglose distanz

sie greifen in mein leben ein
ich höre die stimmen
die in mir schrei'n

(Renate Haußmann)

Ein Licht strahlt

Zwielicht

Schafe rennen durch die Straßen
Schweine tragen kurze Hosen.
Meine Schritte sind wie Gummi
und ich schwebe aus dem Fenster
bis ins Schwalbennest hinein.
Krakenarme greifen an
sich Verstecken ist vorbei.
Still gestanden schreit die Zeit
und der Boden ist ein Krater.
Stille legt sich auf das Dach
sanfte Schwere macht sich breit
und der Kopf sinkt auf die Brust.
Schafe rennen durch die Straßen
Schweine tragen kurze Hosen
und das Buch fällt aus der Hand.

(Stephanie von Below)

im tageslicht

unendlicher weg

schlendert am fluss entlang

mal biegt er sich

um die entwurzelte weide herum

mal zieht er kerzengerade linien

mit der wiese hand in hand

um sich mit sonne aufzuladen

die wieder verdunstet in der nacht

und sich als tau

über das leben ausbreitet

das erblüht im licht

jeder neuen zeit

und dir den einstieg zeigt

nur anfang und ende

suchst du vergeblich

(Renate Haußmann)

Im Abendlicht

Letztes Licht beleuchtet Pfützen
Glitzernde Regentropfen
Schweben ins Dunkel
Dämmerung öffnet schützend
den Mantel des Vergessens

Anfang und Ende
versinken im Moor der Unendlichkeit
Neue Welten öffnen die Tore

(Karin Harries-Hedder)

Versöhnen, aber nicht vergessen

absichtslos

meereskronen
blaue austern
zeigen sich würdevoll
im glanz der sonne
bis der sog der gezeiten
wellen im sand zeichnet

federleichtes
weißes kleid
mit morgentau getränkt
schwingt in die ferne
zu neuen ufern
um unsanft zu landen

geschmeide
der meerjungfrauen
kostbar in gedanken
bis sich worte finden
die ich schreibe
wertvoller fund

(Renate Haußmann)

Unschuldig

Löwinnen jagen im Rausch der Kraft
Auf der Flucht fliegen die Beine
Der Antilope
Auf den Schwingen des Windes

Der ewige Glanz der Abendsonne
Umhüllt sanft liegende Schädel
Glückselig lecken Löwinnen
Blut von triefenden Mäulern

In leuchtenden Rottönen
Mit Adern aus Seide
Gleitet das Blatt sanft ins Meer
Getragen auf Schaumkronen
Versinkend durch die
Haut des Wassers

Frieden berührt mein Herz
Erinnerungen steigen empor
Sanft aufgefangen
Im Netz der Gezeiten

(Karin Harries-Hedder)

Weg

Des Sommers letztes Kleid ist längst genäht
noch einmal dreht der Saum sich um die nackten Füße
und schickt ein Lächeln vor der kühlen Reise.

Doch mit den Vögeln ziehen auch die Träume
der warmen Sommerzeiten sich zurück
die Ferne nickt und schließt die Läden fest.

Der Nebel schwenkt sein graues Hemd
und Glitzernetze schaukeln sanft im Wind
der flüsternd schon vom Sturm erzählt.

Froststerne funkeln feierlich im Rasen
du hörst das zarte Knacken unter deinen Füßen
auf deinem Weg.

(Stephanie von Below)

UNTER BEOBACHTUNG

MENTORIN: MASCHA KALÉKO

Mit Haltung
Vor dem Abgrund
Endstimmung

Mit Haltung

Amerika

Weil deine Sehnsucht treibt in deinen Zeilen
Wie eine Schale auf dem weiten Meer
Will ich verknoten all die tausend Meilen
Zu einer Mondlichtbrücke her zu mir her.

Ich schicke Formen, Zuversicht und pures Licht
Und Lieblingsessen auf die Reise
Das Leben fleh ich an und schreibe seitenweise
Weil Deine Liebe so zerbrechlich ist.

Wenn dein Sommerlachen wieder strahlt werd ich eilen
Und danken allen Hilfen um uns her
Weil deine Sehnsucht treibt in deinen Zeilen
Wie eine Schale auf dem weiten Meer.

(Stephanie von Below)

mutgedicht

ich kann die augen nicht von dir lassen
aus dir sprüht pures glück
nie werd ich dich verlassen
nur dieser moment kommt nicht zurück

ich wollt mich gar nicht trauen
nun bitte ich um mut und kraft
konnt' nicht auf zukunft bauen
erst du erinnerst mich was liebe schafft

dein bett steht auf fragilem grund
die zeit macht es nicht leichter
frag nicht ich weiß selbst nicht warum
mache es nur etwas seichter

wart ab es kommt bald deine zeit
du selbst sprengst diese ketten
leben steht für dich bereit
ich konnte immer darauf wetten

(Renate Haußmann)

Hoffnung

Was wäre das Leben ohne dich
Du gibst mir Kraft und Mut
Du wachst in Freundschaft über mich
Das Alles ohne Wut

Wenn Alles mir verloren scheint
Schultern gebeugt der Blick verhangen
Die Seele in den Tiefen weint
Kommst du gewiss zu mir gegangen

Nur du bringst Zukunft in mein Leben
bringst ein Packet voll Zeit und Kraft
Kann planen schreiben und vergeben
Füllst auf mein Blut mit Liebessaft

Wenn einst mein Herz hört auf zu schlagen,
Der letzte Atem mich verlässt
Dann bitte hört bald auf zu klagen
Die Hoffnung ruft zum Lebensfest

(Karin Harries-Hedder)

Vor dem Abgrund

gegen die wand

das leben reißt dich hin und her
du brennst schon längst von beiden seiten
doch ich sehe keine funken mehr
wie gestern und zu anderen zeiten

du denkst da ist noch luft nach oben
gehst volles risiko und gegen den strich
willst den tag schon vor dem abend loben
doch langsam umkreisen sie dich

(Renate Haußmann)

Der alte Wachhund

Ich wusste wo Gefahren lauern
Ohren gespitzt und sprungbereit
War sicher mir wie hinter Mauern
Vergass die eigene Endlichkeit

Bell immer noch ganz laut und heftig
Vergesse gerne Zeit und Raum
Die Mauern bröseln langsam kräftig
Die Maske fällt so schnell wie Schaum.

(Karin Harries-Hedder)

Geburt

Meine Kraft trug mich quer durch die Sommerheide
Und ich wollte die Grenzen nicht ahnen.
Nun trägt sie Falten zerknittert wie Seide
Und zwingt mich in andere Bahnen.

Doch ich rede und schreibe mit harter Hand
Jede Seite ein schweres Gebären.
Erst mein Blick auf die Kinder draußen im Sand
Befriedet mein zorniges Wehren.

(Stephanie von Below)

Endstimmung

Grenzerfahrung

Manchmal leuchtet ein helles Licht

Es dringt durch alle Poren

Es reisst mich fort kein Schmerz in Sicht

Als wär ich neu geboren

Ich wache auf und sammle Mut

Es kann nicht schlimmer werden

Den Blick nach vorn

Schön wäre Wut

Mein Tritt hallt noch auf Erden

(Karin Harries-Hedder)

Wohin der Weg noch geht

Ob ich des Schöpfers tiefen Trost verdiene
Das werd ich wissen vor der Zeit der Zeiten.
Wenn alle Tore sich geschlossen
Und alle Türen nicht mehr schließen.

Das Tor zum Leben lass ich hinter mir
Wohin der Weg noch geht ist offen.
Ich hoffe nur er wird begleitet sein
Und meine Güte wird mir beistehn.

So dass ich Frieden finden kann
Trotz seiner großen Hand.

(Stephanie von Below)

an das leben

ich spreche viel von endlichkeit
als ob ich sie ersehne
ich stell mir vor zu gehen ist leicht
wenn ich es oft genug erwähne

das leben hat mich reich beschenkt
ausreichend lust und leid und freude
manchmal hab ich euch gekränkt
das ist das einzige was ich bereue

(Renate Haußmann)

NORMALITÄT DES SEINS

MENTORIN: ELSE LASKER-SCHÜLER

Kirschkuchen und Apfelsaft
Wie ein Vogel im Wind
Mit Flügeln

Kirschkuchen und Apfelsaft

ohne stimme

ich kann nichts machen
bilder verdunkeln meine träume
sie überschatten das lachen
der kinder und den duft der bäume

lautlose rufe ohne ziel
verschluckt von falschen tönen
im sommer sonnen spiel
die das leid verhöhnen

zeig mir die quelle meiner wut
bevor ich daran ersticke
es macht meiner seele mut
wenn ich deinen duft erblicke

(Renate Haußmann)

Der Tresor

In unserm Haus steht ein Tresor
Die schwere Tür weit offen
Kein Schliessen hallt noch an sein Ohr
Der Schlüssel hängt betroffen

Diamanten glitzerten sicher beschützt
Der Liebe ewige Zeilen
Die Wut in den Augen der Diebe blitzt
Die Einsamkeit durch das Haus noch flitzt
Wer will hier noch verweilen

Lautlose Schreie der Einsamkeit
Wie werde ich euch besiegen
Die Suche nach Gemeinsamkeit
Ich werde dich noch kriegen

(Karin Harries-Hedder)

Sehnsucht

Zwölf silberne Löffel
Ein Schrank voll Geschirr.

Den Puls meines Lebens
Das schenke ich dir.

Zwölf silberne Gabeln
Der Teller ist leer.

Die Truhe voll Tränen
So will ich nicht mehr

Zwölf silberne Messer
ein altes Gewehr.

Ich verschenke mein Leben
Dir.

(Stephanie von Below)

Wie ein Vogel im Wind

Danke

Die Erde konnte ich tragen
Die Welt umarmen

Alles glitzerte glänzte funkelte
Schwimmend im Bauch der Glückseligkeit

Wir verschmolzen
Symphonie des Lebens

In einem Atemzug
Löstest du die Umarmung

Der Zauber flog mit dir
Ich atmete mich

Tränen und Schreie flossen
Zum ewigen See des Schmerzes

Aus dem Samen des Glücks
Wuchsen schillernde Flügel

Fortfliegen kann ich mit dir
Hin zu Wolken der Erinnerung

(Karin Harries-Hedder)

Wolken

Graue Wattefelle ziehen vorbei
Meine Gedanken lassen mich los und fliegen

In die Jahrzehnte meines Lebens
Locken in den Keller

Kisten und Koffer und Jahre zur Seite zu räumen
Über Kinderbett Decken und Liebe zu steigen.

Ich rieche Alter Staub und Schwärze
Sehe die vertraute Tür

Noch stemmt sich die Vergangenheit gegen den Riegel
Dann trete ich ein.

In den Regalen stehen
Gestalten und Geschichten

Verstaubt
Spröde und zerbrechlich

Schwarz angelaufen
Verborgen hinter Lumpen aus Scham.

Einige leuchten und lächeln mir zu
und ich weine zurück.

(Stephanie von Below)

begegnungen

endlose schleifen
in einer vielzahl von tagen

kein sinnloses erwachen
einzig knoten der erkenntnis

sie säumen den weg
erschweren den nächsten schritt

verwehte träume
umarmen den lauf der zeit

verbrauchtes glück
nährt verbrannte erde

kein verlass auf erinnerungen
keine garantie für morgen

ich träume vom fliegen
in leichte tage

(Renate Haußmann)

Mit Flügeln

Heimat

Wenn dann mein Sterben stattgefunden hat
Find ich die letzte Stätte in der Stadt
Die meinen Namen nicht vergessen wollte.
Die Wolken Watt und Wasser vor mir ausgebreitet hat
Und für mich Trost und Schutzschild werden sollte.

Ich hab ihr Ernst gebracht und Leichtigkeit gezeugt
Den Ernst vermehrt und Einsamkeit gebeugt
Jetzt jät ich meinen wintergrünen Garten.
Den Blick nach vorne weiter ungebeugt
Und weiß es kommt ein herrlich langes Warten.

(Stephanie von Below)

gastfreundschaft

kommt die endlichkeit zu besuch
trage ich mein schönstes tuch
bunte farben kostbare seiden
führ sie ein zug um zug
werd jeden streit vermeiden

doch wart ich nicht auf ihr erscheinen
auch ihr sollt nicht auf vorrat weinen
mein sinn ist zukunft zu gestalten
will mich mit dem jetzt vereinen
anstatt vergangenes zu verwalten

(Renate Haußmann)

Vom Winde verweht

Ich lebe lebe lebe
Bebe bebe bebe
Jauchze springe und frohlocke
Weine sehne hasse liebe
Bis mich mahnt die Todesglocke

Vieles gibt es noch zu tun
Um alsdann friedlich zu ruhn
Frieden schaffen für mein Herz
Wundern lindern Liebste trösten
Bis uns packt der Trennungsschmerz

Wenn dann meine Zeit gekommen
Flieg ich zu den Abendsonnen
Steige auf mit sanften Winden
Ruhe sanft kosmisch beschützt
Bis ich werde ganz entschwinden

(Karin Harries-Hedder)

JENSEITS DER WÜRDE

MENTORIN: ROSE AUSLÄNDER

Genug gehasst
Ohne Halt
Noch nicht am Ende

Genug gehasst

Verbundenheit

Glück ist Liebe
Fürsorge Lachen

Gemeinsam
Den Acker bestellen
Auf Wellen reiten

Mutter Erde
Stöhnt
Unter brennenden Wunden.

Noch kann das wir
Heilen

(Karin Harries-Hedder)

Wenn wir

Wenn
wir gemeinsam
schweigen

können wir
das Wimmern der Erde
hören
wie ein Welpe im Schlaf

und das Weinen
des Meeres
das untröstliche
Schluchzen und Beben
eines verlassenes Kindes

wenn wir
gemeinsam gehen
können wir
wüten trauern
und standhalten
Freundinnen.

(Stephanie von Below)

lasst uns singen

lasst uns singen
ein lied erfinden
mit einer stimme

lasst uns laut sein
in den höchsten tönen
schräg und schrill
jeder soll uns hören

lasst uns vergessen
dass wir sterblich sind
solange wir leben
reisen wir gemeinsam
auf einer scholle

lasst uns lachen
gegen den wind
mit der luft
aus unseren lungen
die gleichen ursprungs ist
gemeinsames gut

(Renate Haußmann)

Ohne Halt

Bedingungslos

Eine Insel im Kopf
die weiß
dass die Menschen gut sind
das fordere ich
als bedingungsloses Grundeinkommen
für alle
für immer
für unsere Welt.

(Stephanie von Below)

implantat

ein platz im herzen
besetzt
gegen das vergessen
immerwährende liebe
für das recht
auf freiheit
auf gleichheit
auf unversehrtheit

(Renate Haußmann)

Träume

Mir träumte von einem Stern
Voller Sinn

Mir träumte von einem Stern
Voller Sinn
für die unbändige Gier der Menschheit

Mir träumte von einem Stern
Voller Sinn
Für Hass und Gewalt

Mir träumte von einem Stern
Voller Sinn
Für die allumfassende Liebe

Mir träumte von einem Stern
Voller Sinn

(Karin Harries-Hedder)

Noch nicht am Ende

als die endlichkeit einzog

die endlichkeit
hat kontakt zu mir aufgenommen

sie kam um das leben zu feiern
mit allen brüchen
in aufrechter haltung
mit gewaltiger stimme
und mit der lust am leben
denn sie ist die freundin
der endlichkeit

die leidenschaft
im jetzt
lässt wenig platz
für unerfüllte sehnsüchte
morgen ist nicht besetzt
morgen kann alles sein
aber niemals nichts
allenfalls endlichkeit

(Renate Haußmann)

Wünsche

Die Luft tanzt und wirbelt
Vögel zwitschern
Leben feiert
Mutter Erde zieht die Knochen
Verspricht Frieden
Komm
Rufen die Würmer

Noch nicht
Später
Singt die Seele

Sonnenstrahlen wärmen
Leben pulsiert badend
In der Sauna der Gefühle
Ich tanze
mit dem Duft der Blumen
Im Hin und Her der
Berührungen

(Karin Harries-Hedder)

Noch nicht

Ich pflanze meinen Mut
in einen Topf voll Erde

Und warte
dass seine Wurzeln stark werden
seine Krone
grün in den Himmel wächst
um meiner Angst
Schatten und Frieden
zu spenden

Und verschnüre
die Unruhe der Tage
Wochen und Jahre ordentlich
finde Schutz in den Ästen und Zweigen
und begrabe sie
zärtlich

Ich pflanze meinen Mut
in einen Topf voll Erde.

(Stephanie von Below)

GEDICHTE

Ungeklärte Fragen der Schuld
(Mentorin: Sarah Kirsch)

Weit weg von mir
(Mentorin: Erika Burghart)

Vergeben und Vergessen
(Mentorin: Hilde Domin)

Sonne ohne Schatten
(Mentorin: Audre Lorde)

Sonne ohne Schatten
(Mentorin: Paula Ludwig)

58   Trost (Harries-Hedder)

59   Zorn (von Below)

60   distanzlos (Haußmann)

61   Zwielicht (von Below)

62   im tageslicht (Haußmann)

63   Im Abendlicht (Harries-Hedder)

64   absichtslos (Haußmann)

65   Unschuldig (Harries-Hedder)

66   Weg (von Below)

Unter Beobachtung
(Mentorin: Mascha Kaléko)

68   Amerika (von Below)

69   mutgedicht (Haußmann)

70   Hoffnung (Harries-Hedder)

71   gegen die wand (Haußmann)

72   Der alte Wachhund (Harries-Hedder)

73   Geburt (von Below)

74   Grenzerfahrung (Harries-Hedder)

75   Wohin der Weg noch geht (von Below)

76   an das leben (Haußmann)

Normalität des Seins
(Mentorin: Else Lasker Schüler)

Jenseits der Würde
(Mentorin: Rose Ausländer)

Die Autorinnen

Stephanie von Below hat sich im Berufsleben den Themen Weiterbildung. Karriereberatung und Coaching verschrieben. Schreiben bedeutet für sie das Wesentliche zur Sprache zu bringen, den Kern der Dinge herauszuschälen, Impulsen unter der Oberfläche zum Leben und zur Klarheit zu verhelfen. Seit einigen Jahre nutzt sie kreatives Schreiben als Impuls und als Methode im Coaching um Ideen festzuhalten und Verdichtung gelingen zu lassen.

Karin Harries-Hedder ist Psychotherapeutin. Schon früh faszinierte sie die Vielfalt des menschlichen Ausdrucks, mit dem es gelingt, Einmaligkeit und Überlebenswillen in Sprache umzusetzen. Schreiben im Trialog ist der Versuch, die Perspektive zu erweitern und die eigenen Ausdrucksmöglichkeiten anzureichern. «Meine Erfahrung ist, dass die Verdichtung der Tiefen und Untiefen menschlichen Erlebens durch die bildhafte Sprache der Lyrik unterstützt und intensiviert wird».

Renate Haußmann ist Autorin für kreatives Schreiben. Mit der Reihe «Konzeptionelle Lyrik» gibt sie mit Schreibkolleginnen Gedichtbände heraus, die den lyrischen Trialog als kreativen Impuls nutzen. «Ich hab' Lyrik in mir. Mit dieser Entdeckung bin ich zur Wortsucherin geworden. In der Lyrik geht es immer gleich ums Ganze. Innen wird nach Außen gekehrt, bläht sich auf mit aktueller Wahrnehmung, um dann ohne Punkt und Komma in die Wirklichkeit der Leser einzudringen.«

Kollektives Schreiben

Das Projekt «Konzeptionelle Lyrik - Gedichte zu Dritt» ist inspiriert von den Surrealisten um André Breton, die im Kollektiv nach künstlerischer Entwicklung und neuen Ausdrucksformen gesucht haben. Und von Peter Elbow, dem US-amerikanischen Schreibwissenschaftler, der zur Anstiftung individueller kreativer Entwicklung in Gruppen das bedingungslose Zuhören als Voraussetzung für die Technik des *sharing and responding* beschrieben hat. In unterschiedlichsten Schreibgruppen hat mich immer die gegenseitige Wirkung der produzierten Texte und Gedichte interessiert. Als kreative Animation für die Lesenden eigener Prosa und Lyrik und als *Trigger* für Emotionen und Erinnerungen der Hörenden.

Es ist verblüffend, wie im Prozess des gemeinsamen Schreibens Ergebnisse entstehen, die als individuelles Produkt Bestand haben und dennoch, sozusagen im urheberrechtlichen Sinne, nicht mehr voneinander zu trennen sind.

Was auch immer der auslösende Impuls für das Schreiben in der Gruppe gewesen sein mag. Das laute Lesen als selbsterzeugte Reflexion von Form und Rhythmus, wie das Feedback, das die hervorgerufenen Erinnerungen und Gefühle derjenigen spiegelt, die der Lesung gefolgt sind, alles ist Teil der eigenen künstlerischen Entwicklung. Es wird direkt in die Überarbeitung der entstandenen Werke einbezogen. Der Dialog wird zu einem dynamischen Prozesses. Die «fremde» Perspektive verhilft zur Annäherung oder zur Distanzierung. Jeder Perspektivenwechsel ist wieder ein neuer Impuls.

Aus diesen Erfahrungen ist die Idee der «Konzeptionellen Lyrik» entstanden. Der poetische Dialog oder, wie in den Gedichtbänden dieser Serie, der lyrische Trialog wird als kollektive Inspiration auf die Spitze getrieben.

Das gewählte Thema, ein Bild oder vorgegebene Formen und Rhythmen geben den Anstoß zum ersten eigenem Gedicht. Es wird in die Runde geworfen und damit zur Vorlage, die von der Partnerin als Auslöser für Erinnerungen, Emotionen und Erfahrungen aufgenommen und verarbeitet wird.

Aneignung – Abstraktion – Wiederaneignung und erneute Abstraktion. Worte werden durchgeschüttelt und gerührt, bis scheinbar nichts mehr von den ursprünglichen Zutaten vorhanden ist. Und trotzdem werden die Leserinnen und Leser schnell entdecken, aus welcher Feder die einzelnen Gedichte stammen. Die Worte bleiben meine und doch sind sie unwiderruflich angereichert mit der Phantasie der Gruppe.

Renate Haußmann

Konzeptionelle Lyrik in Serie

Band 1
Wenn die Nacht kommt in Manhattan
Renate Haußmann (Hg.), Christiane Maria Luti,
Barbara Rossi (Januar 2018)
Band 2
Kein Ton geht verloren
Kirsten Eckmann, Renate Haußmann (Hg.),
Andrea Katzenberger (Dezember 2018).
Band 3
Die Zeit ist Zeuge
Manon Haccius, Sabine Hammer, Renate Haußmann
(Hg.) (Mai 2019)
Band 4
Das ist ja komisch
Renate Haußmann (Hg.), Felizitas Peters, Ursula Striepe
(Juli 2019)
Band 5
Unsichere Zeiten
Stephanie von Below, Karin Harries-Hedder,.
Renate Haußmann (Hg.) (Dezember 2019)

In Vorbereitung:

Band 6
Zwischen den Zeilen lesen
Friederike Lydia Ahrens, Renate Haußmann (Hg.),
Tamara Jarchow (Dezember 2019)
Band 7
Lecker Lyrixx
Luis Haußmann, Renate Haußmann (Hg.),
Carla Seidemann (Juni 2020)

Zeitfracht Medien GmbH
Ferdinand-Jühlke-Straße 7
99095 Erfurt, Deutschland
produktsicherheit@kolibri360.de